Kati, Nilo y Chakira

por Pina Uribe

Destreza clave Sílabas con *Kk*
Palabras de uso frecuente *ella, gusta*

Scott Foresman
is an imprint of

MW01251042

Mira cómo Kati patina.

A Kati le gusta mucho Kalamazoo.

Ella vive allí.

Kalamazoo queda en los Estados Unidos.

Mira cómo Niko da patadas de karate.

A Niko le gusta mucho Kioto.

Él vive allí.

Kioto queda en el Japón.

Mira cómo Chakira juega.

A Chakira le gusta mucho Kabul.

Ella vive allí.

Kabul queda en Afganistán.

Kati, Niko y Chakira viven
en lugares diferentes.
¡Pero sueñan que son amigos!